माँ
कहानी एक समर्पण की

मृत्युंजय पोद्दार (जय)

INDIA · SINGAPORE · MALAYSIA

ISBN 979-8-89233-970-4

कहते हैं कि हर इंसान को अपनी जिंदगी में मुश्किल परिस्थितियों का सामना करना पड़ता है, कुछ लोग ऐसे कठिन परिस्थितियों के सामने घुटने टेक देते हैं और कुछ लोग अपनी ज़िंदगी में आने वाली मुश्किल परिस्थितियों का डटकर मुकाबला करते हैं। बात जब किसी मर्द की हो, तो लोग उसके बारे में खुलकर बोलते हैं और खुलकर उसकी तारीफें करते हैं। लेकिन जब एक महिला अपनी ज़िंदगी में आने वाली मुश्किल परिस्थितियों का सामना करती है, तो वह अपनी तकलीफें किसी से भी बयां नहीं कर पाती है। उसकी परेशानी को न कोई समझ पाता है और न ही उसके कंधे पर कोई हाथ रखकर उस महिला का हौसला बढ़ाता है। लेकिन बावजूद इसके वह महिला अपनी हर तकलीफ को नजरअंदाज कर, अपनी हर ग़म को भूलकर भी मुस्कुराती है। खुली विचारों वाली "डॉक्टर रितिका चौहान" स्वाभाविक रूप से बेहद ही खूबसूरत होने के साथ-साथ एक काबिल मनोचिकित्सक, एक अच्छी काउंसलर और मृदुभाषी महिला थी। दूसरों के मन को पढ़कर उन्हें सही सलाह देने वाली रितिका का मन कोई भी नहीं पढ़ पाता था। मुंबई जैसे अमीरों के शहर में अपना खुद का आलीशान बंगला और अच्छी बैंक बैलेंस होने के बावजूद भी डॉक्टर रितिका चौहान अविवाहित थी। एक अकेली महिला को लेकर जब समाज के लोगों में यह धारणा बनी हुई है कि एक औरत को अपनी संपूर्ण जीवन व्यतीत करने के लिए एक मर्द की जरूरत होती है, तो ऐसे में रितिका का 35 वर्ष की उम्र में

अविवाहित रहना आश्चर्य की बात थी। लेकिन डॉक्टर रितिका चौहान का राज़ कोई नहीं जानता था और ना ही रितिका अपनी अतीत का किसी से ज़िक्र करती थी। अपनी मुस्कुराहट से अपने मरीज़ों के चेहरे पर मुस्कान लाने वाली रितिका चौहान के दिल में किसी बात की तकलीफ़ अवश्य थी, उसे किसी को खो देने का दुख था और शायद नियति को यह मंज़ूर नहीं था, क्योंकि बहुत जल्द ही डॉक्टर रितिका चौहान को अपनी अतीत की यादों का एक बार फिर से सामना करना था। एक बार एक नौजवान लड़का, जिसका उम्र 23 वर्ष था और वो काउंसलिंग के लिए डॉक्टर रितिका चौहान से मिलने आया था। वो लड़का जैसे ही रितिका के केबिन में घुसा, रितिका को देखते ही वह अपनी जगह पर ठहर सा गया था। उस दिन डॉक्टर रितिका चौहान ने गुलाबी रंग की साड़ी पहनी हुई थी, गर्मी का मौसम था और केबिन में कूलर चलने की वजह से रितिका के खुले हुए बाल कूलर की हवा के कारण उड़ रहे थे। "जी कहिए। क्या समस्या है आपको?" - डॉक्टर रितिका चौहान ने बिना उस लड़के की तरफ देखे उस लड़के से पूछा। तब उस लड़के ने अपना परिचय देते हुए डॉक्टर रितिका चौहान की तरफ अपना हाथ बढ़ाया - "हैलो मैम, मेरा नाम राघव सक्सेना है।" रितिका ने भी उस लड़के से हाथ मिलाया और उस लड़के के मन में उमड़ने वाले विचारों को समझने का प्रयास करते हुए कहा - "कुर्सी पर बैठ जाइए और बताइए क्या परेशानी है आपको।" राघव - "दरअसल, मैं अपनी शराब की लत से बेहद परेशान हूँ। अगले हफ्ते मेरी शादी होने वाली है और मैं अपनी शराब की लत को छोड़कर

एक अच्छा इंसान बनना चाहता हूँ। ताकि, मैं अपनी होने वाली पत्नी के लिए एक अच्छा पति बन सकूं।" रितिका - "राघव जी, सबसे पहले तो आपको आपके होने वाली शादी के लिए बहुत-बहुत मुबारक। साथ ही, मैं आपके विचारों का भी सम्मान करती हूँ। आप खुद को एक आदर्श पति के तौरपर अपनी पत्नी के सामने रखना चाहते हैं, यह वाकई काबिले तारीफ है। लेकिन जहां तक बात है आपके शराब के लत की, तो शराब तो अधिकतर लोग पीते हैं। कोई कम पीता है, तो कोई ज्यादा। अगर आपको वाकई में अपनी शराब की आदत छोड़नी है, तो आप रिहैबिलिटेशन सेंटर में जाइए। इसमें मैं आपकी किस प्रकार से सहायता कर सकती हूँ, यह मेरा काम नहीं है और वैसे भी यह आपकी इच्छाशक्ति पर निर्भर करता है कि आप वाकई शराब छोड़ना चाहते हैं या नहीं।" राघव - "डॉक्टर रितिका जी, मैं आपकी बात समझ सकता हूँ। लेकिन मैंने आपको अभी तक अपनी शराब पीने की वजह नहीं बताई है। मुझे डर है कि कहीं आप वजह जानने के बाद मुझ पर भड़क ना जाएँ।" रितिका - "मैं एक डॉक्टर हूँ और जब तक मैं अपनी मरीज की परेशानी को समझूंगी नहीं, तो फिर मैं मरीज का इलाज कैसे करूंगी। आपको जो भी समस्या है, निश्चित होकर और खुलकर बताइए।" राघव - "मेरी शराब पीने की वजह है, खूबसूरत महिलाएं। जब भी मैं किसी खूबसूरत महिला को देखता हूँ, तो शराब पीने की तलब महसूस होने लगती है। आप भी बेहद खूबसूरत हैं, तो अंदाजा लगा ही सकते हैं कि इस वक्त मेरी शराब के प्रति बैचेनी कितनी बढ़ रही है।" राघव की बात सुनकर

रितिका को गुस्सा आ गया और उसने कठोर शब्दों में राघव से कहा - "अगर आप यह बात मजाक में कह रहे हैं, तो यह बहुत ही वाहियात मजाक है।" राघव - "नहीं-नहीं, मेरा यकीन मानिए। मेरा आपको नाराज करने का कोई इरादा नहीं था। यह मेरी वास्तविक समस्या है।" फिर रितिका ने शांत होकर राघव से पूछा - "आप भगवान को मानते हैं?" राघव - "हाँ, बिल्कुल।" रितिका - "किस भगवान पर सबसे ज्यादा आस्था है" राघव - "जी, मैं वैष्णो देवी को ज्यादा मानता हूँ। मुझे मातारानी पर बहुत आस्था है, क्योंकि मातारानी मेरी हर मुश्किल को दूर कर देती हैं।" रितिका - "मातारानी की साड़ी या उन पर चढ़ाई जाने वाली चुनरी का रंग कौन-सा होता है?" राघव - "लाल रंग की" रितिका - "क्यों?" राघव - "क्योंकि मातारानी देवी हैं और लाल रंग की साड़ी या चुनरी उनकी दिव्यता को पूर्णता प्रदान करती है। उनकी उस स्वरूप के दर्शन मात्र से आत्मिक सुख की अनुभूति होती है।" रितिका - "क्या यह कहना सही नहीं रहेगा कि आपको महिलाओं में भी मातारानी के होने का अनुभव करना चाहिए। जिन खूबसूरत महिलाओं को देखने के बाद आपको शराब की तलब महसूस होती है, क्या उन महिलाओं को देखकर उनमें आपको मातारानी की दिव्यता का एहसास नहीं होता है। अगर मातारानी की मंदिर में जाकर, मातारानी के दर्शन करने से आपके अंदर भक्ति जागती है। तो क्या किसी महिला को देखकर आपके अंदर उस महिला के प्रति सम्मान की भावना नहीं जागनी चाहिए। जिस माँ ने आपको जन्म दिया है, वह भी अपने जमाने में काफी काफी खूबसूरत रही होंगी और

कोई न कोई मर्द बिल्कुल आपकी तरह आते-जाते रास्ते में उन्हें देखता होगा, तो क्या आप अपनी माँ को माँ कहना छोड़ देंगे और क्या आप अपनी माँ से उनका सम्मान छीन लेंगे? राघव जी, शराब पीने की लत आपकी निजी आदत है और इसके लिए आप किसी खूबसूरत महिला को तो दोष नहीं दे सकते है। अगर आपको वाकई में शराब पीना छोड़ना है, तो यह आपकी इच्छाशक्ति पर निर्भर करता है।" राघव - "बिल्कुल सही कह रही हैं आप, मैम। मैं अपनी शराब पीने की आदत के लिए महिलाओं को जिम्मेदार ठहरा रहा था, जबकि मैं खुद ही शराब छोड़ने का प्रयास नहीं कर रहा था। मुझे हर महिला को वही सम्मान देना चाहिए, जो मैं अपनी माँ या मातारानी को देता हूँ। मैं आपकी बात हमेशा याद रखूंगा और अपनी शराब की लत को छोड़ने का पूरा प्रयास करूंगा और मैं आज ही किसी रिहैबिलिटेशन सेंटर में जाकर शराब छोड़ने के प्रयास में जुट जाता हूँ। चलता हूँ मैम।" "बेस्ट ऑफ लक।" - कहते हुए रितिका ने अपना हाथ राघव की ओर बढ़ाया, राघव भी रितिका से हाथ मिलाने के बाद वहां से चला गया। राघव के वहां से जाते ही डॉक्टर रितिका चौहान की सहायक अंजलि डॉक्टर रितिका के लिए कॉफी लेकर वहां पहुंची। रितिका को कॉफी का कप देते हुए अंजलि ने कहा - "वैसे मेरे पास राघव के लिए एक अच्छी सलाह थी।" रितिका ने कॉफी का कप हाथ में लेते हुए पूछा - "कैसी सलाह?" अंजलि - "यही कि उसे हर महिला के हाथों सैंडिल से अपनी पिटाई करवानी चाहिए। इससे उसकी शराब की लत भी हमेशा के लिए छूट जायेगी और वह हर

महिला को सम्मान की नजरों से देखना शुरू कर देगा।" कॉफी की चुस्की लेते हुए रितिका ने अंजलि से कहा - "अच्छी है"। अंजलि - "अच्छी सलाह दी ना मैंने।" रितिका - "मिस अंजलि शर्मा, मैं आपकी हाथ की बनी हुई कॉफी की बात कर रही हूँ। आपकी सलाह की तारीफ नहीं कर रही हूँ और वैसे भी अगर आपकी सलाह मानने लगी, तो कुछ दिनों के बाद मुझे अपनी यह अस्पताल किसी फोटोफ्रेम में दिखाई देगा।" रितिका की बात सुनकर अंजलि हंसते हुए कहती हैं - "तुम मुझे हमेशा हल्के में ही लेती हो, एक दिन मैं तुम्हें साबित करके दिखाऊंगी कि मैं तुमसे भी बेहतर काउंसलिंग करने की काबिलियत रखती हूँ।" रितिका - "हाँ, क्यों नहीं। मुझे भी उस दिन का बेसब्री से इंतजार रहेगा।" अंजलि - "एक निजी सलाह चाहिए तुमसे।" रितिका - "हाँ, पूछो।" अंजलि - "तुम तो जानती हो ना, कि अपने पति से तलाक के बाद मैं अकेली ही अपने बेटे अर्नब का ख्याल रखती हूँ और मुझे अकेले सबकुछ सुनियोजित तरीके से कर पाना मुश्किल लगता है। इसीलिए मैं सोच रही थी कि क्या मुझे दूसरी शादी कर लेनी चाहिए?" रितिका - "मैं इसमें तुम्हें क्या सुझाव दे सकती हूँ। वैसे भी मैं खुद अविवाहित हूँ और हमेशा अविवाहित ही रहना चाहूँगी। रही बात तुम्हारी शादी की, तो काफी मुश्किल से तुमने अपने पहले बेवड़े (शराबी) पति से तलाक पाया है। कहीं दूसरी बार भी कोई बेवड़ा न आ जाए तुम्हारी ज़िंदगी में। मैं तो कहती हूँ कि तुम शादी-वादी का ख्याल छोड़ दो, अकेली रहो और इंजॉय करो अपनी लाइफ को।" अंजलि - "तुम तो रहने ही दो, पता नहीं तुम्हारी शादी को लेकर

क्या विचारधारा है और मर्दों से क्या दुश्मनी है।" रितिका - "जैसी भी है, मेरी ज़िंदगी है। तुम्हारी ज़िंदगी के बारे में सही-गलत का फैसला तुम खुद ही कर लो।" अंजलि - "खैर, छोड़ो इस बात को। कल अर्नब का जन्मदिन है, तुम आओगी न?" रितिका - "नहीं, मैं नहीं आ रही। कल रविवार का दिन है और तुम जानती हो कि हर रविवार का दिन मेरा निजी दिन है। वैसे भी अर्नब को उसके जन्मदिन का तोहफा मिल जाएगा।" अंजलि ने रितिका के कंधे पर हाथ रखकर कहा - "क्या बात है, कोई परेशानी है। आजकल तुम बहुत परेशान दिखाई देती हो, मैं तो तुम्हारी बेस्टफ्रेंड हूँ ना। क्या तुम मुझे अपनी समस्या नहीं बताना चाहती?" रितिका - "नहीं, कोई समस्या नहीं है। बस, काम का टेंशन था। वैसे भी तुम यहां क्या कर रही हो, जल्दी-जल्दी काम निपटाकर घर जाओ। घर जाकर तुम्हें बेटे के जन्मदिन की तैयारियां भी तो करनी है।" अंजलि - "हाँ, यह बिल्कुल सही कहा तुमने। तुम भी घर जाने की तैयारी करो।" रितिका - "तुम जाओ, मैं थोड़ी देर बाद निकलती हूँ।" अंजलि के जाने के बाद रितिका भी अपने बाकी काम निपटाकर कुछ फाइलें लेकर घर के लिए निकल पड़ी। अक्सर अपनी अस्पताल से घर तक पहुंचने में रितिका को रात हो जाती थी, इसीलिए रितिका के घर पर काम करने वाली नौकरानी रात का खाना बनाकर डाइनिंग टेबल पर रखकर अपने घर चली जाती थी और रितिका रात को घर लौटने के बाद खाना खाकर कुछ देर अपनी मरीजों के स्वास्थ्य रिपोर्ट की फाइलें जांचने के बाद सो जाती थी। उस दिन भी रितिका अपने घर पहुंचने के बाद दरवाजा

खोलकर घर के अंदर जाती है और डाइनिंग टेबल पर ढंककर रखें हुए खाने को चेक करती है। "यह है मूली के परांठे और यह कौन-सी सब्जी है......, लौकी की सब्जी! यह सरला भी न, तनख्वाह मुझसे लेती है और खाना अपनी पसंद का बनाती है।" - अपने आप से यह कहते हुए रितिका वॉशरूम में जाती है। वॉशरूम से फ्रेश होकर निकलने के बाद रितिका खाना खाकर उस दिन जल्दी ही सो गई, इस बात से बेखबर की अगले दिन की सुबह उसकी ज़िंदगी में एक तूफान लेकर आने वाली थी।

दूसरे दिन सुबह रविवार का दिन था और रितिका सुकून से सो रही थी। "ट्रिंग-ट्रिंग, ट्रिंग-ट्रिंग" लगातार फोन की घंटी बजने की वजह से डॉक्टर रितिका चौहान की नींद टूट गई थी, अंगड़ाई लेते हुए रितिका अपनी बिस्तर पर ही उठकर बैठी और सामने टेबल पर रखे अलार्म घड़ी की ओर देखा। घड़ी पर सुबह के 7:00 बजे हुए थे, डॉक्टर रितिका चौहान ने अपनी खुले बालों में हेयर बैंड लगाने के बाद फोन उठाया। फोन पर दूसरी ओर से एक महिला जल्दबाजी में डॉक्टर रितिका चौहान से कहने लगी - "मैम, मुझे आपसे मिलना है" लेकिन रितिका चौहान ने यह कहते हुए फोन काट दिया - "आई एम सॉरी, मैडम। मैं रविवार के दिन किसी भी पेशेंट को नहीं देखती हूँ। आप सोमवार को आ जाइए, आज का दिन मेरा निजी समय व्यतीत करने का दिन है।" डॉक्टर रितिका कॉल डिस्कनेक्ट करके सोने ही जा रही थी कि एक बार फिर से फोन बजने लगा। फोन उठाते ही दूसरी तरफ से उसी महिला ने रोते हुए

कहा - "डॉक्टर, एक बार आप मेरी बेटी को देख लीजिए। मेरी बेटी गुम-सुम सी रहती है और सारा दिन खुद को अकेली कमरे में बंद रखती है। उसने खाना-पीना भी छोड़ दिया है।" डॉक्टर रितिका चौहान फोन पर एक महिला को समझाने का प्रयास कर रही थी, मगर वह महिला अपनी जिद पर अड़ी हुई थी। दूसरी तरफ से बात करनेवाली महिला ने डॉक्टर रितिका से कहा - "प्लीज डॉक्टर, मैंने सुना है कि आप एक बहुत अच्छी काउंसलर हैं और आपके काउंसलिंग की वजह से बहुत से मरीज ठीक होकर नॉर्मल लाइफ जी रहे हैं। मेरी बेटी के ज़िंदगी का सवाल है, डॉक्टर। आप भी तो एक औरत हैं और आपने भी कभी न कभी ऐसी परिस्थितियों का सामना किया होगा। डॉक्टर, मैं आपको आपके फीस के दुगुने पैसे दूँगी। प्लीज, मेरी बेटी मेरी ज़िंदगी है और मैं आपके आगे अपनी बेटी के लिए हाथ जोड़ती हूँ।" इतना कहने के साथ ही फोन पर डॉक्टर रितिका से बात करनेवाली महिला रोने लगी। ना चाहते हुए भी डॉक्टर रितिका चौहान ने उस महिला से कहा - "प्लीज, आप रोइये मत। आप अपनी बेटी को लेकर मेरे घर पर आ जाइये। मैं आपको अपने घर का पता व्हाट्सएप करती हूँ।" अपनी बात पूरी करने के बाद रितिका चौहान उस को अपने घर का पता व्हाट्सएप कर देती है और एक लंबी सांस लेकर कुछ सोचने लगती है। डॉक्टर रितिका एक बहुत ही अच्छी मनोचिकित्सक थी, अपने पेशेंट के दिमाग को पढ़कर उसका इलाज करना रितिका चौहान को बखूबी आता था। रितिका सिर्फ पैसों के लिए अपने पेशेंट की समस्याओं का समाधान नहीं करती थी, बल्कि यह उसका शौक था। रितिका को अपने काम से बहुत प्यार था

और उसे अपने मरीजों की समस्याओं को सुलझाकर बहुत ही सुकून मिलता था। रितिका की उम्र 35 साल हो गई थी और रितिका शांत, मृदु स्वभाव की होने के साथ-साथ बहुत ही खूबसूरत भी दिखती थी। इन सबके बावजूद एक चौंकाने वाली बात यह थी कि रितिका ने कभी शादी नहीं की थी। डॉक्टर रितिका चौहान के चेहरे पर मुस्कुराहट तो नजर आती थी, मगर वो अपनी उस मुस्कान के पीछे अपने दिल की दर्द को छुपा जाती थी। दूसरों के दिल का हाल बताने वाली खुद डॉक्टर रितिका अपने दिल का हाल किसी से भी बयां नहीं करती थी। शायद वह ऐसा करने से डरती थी, या फिर शायद वह किसी खास इंसान की तलाश में थी। खैर, बात चाहे कुछ भी हो, रितिका हमेशा अपने पास एक बच्ची की तस्वीर रखती थी और रितिका जब भी बहुत ज्यादा परेशान हो जाती थी, तो उस बच्ची की तस्वीर को एक बार जरूर देखती थी। अपनी यादों में खोई हुई-सी थी डॉक्टर रितिका, तभी दरवाजे पर कॉलबेल की घंटी बजने पर रितिका का ध्यान टूट जाता है। डॉक्टर रितिका दीवार पर टंगे घड़ी की ओर देखती है - "ओह! 9:00 बज गए हैं। लगता है मिसेज सहगल अपनी बेटी को लेकर आ गई हैं।" रितिका सोफे से उठकर दरवाजा खोलती है, तो देखती है कि सामने कामिनी सहगल अपनी बेटी के साथ खड़ी थी। "अंदर आइये।" - रितिका कामिनी और उसकी बेटी को अपने घर के अंदर बुलाती है। "आप दोनों बैठिये, मैं आपलोगों के लिए चाय बनाकर लाती हूँ" - यह कहते हुए डॉक्टर रितिका रसोईघर में चली जाती है। कुछ ही समय के बाद रितिका दोनों के लिए

चाय लेकर आती है, फिर चाय का एक कप कामिनी की ओर बढ़ाती है और चाय का दूसरा कप कामिनी की बेटी की तरफ बढ़ाती है। लेकिन कामिनी की बेटी चुपचाप अपनी जगह पर ही बैठी रही, ना तो वो अपनी जगह से उठी और न ही उसने कुछ कहा। यह देखकर डॉक्टर रितिका ने चुपचाप चाय का कप उसके सामने ही टेबल पर रख दिया और जाकर कामिनी के बगल वाले सोफे पर बैठ गई। कामिनी सहगल डॉक्टर रितिका चौहान को अपने बारे में बताने लगी - "डॉक्टर, मेरा नाम कामिनी सहगल है और मैं एक एनजीओ में काम करती हूँ। ये मेरी बेटी आकांक्षा सहगल है।" रितिका - "कामिनी सहगल, यह नाम कुछ सुना-सुना सा लग रहा है। कहीं आप समाजसेवी कामिनी सहगल तो नहीं है?" कामिनी - "जी डॉक्टर। दरअसल, मैं एक एनजीओ में काम करती हूँ। जिससे मुझे कुछ पैसे भी मिल जाते हैं और समाजसेवा करने का मौका भी।" रितिका - "बताइए, क्या परेशानी है?" "जैसा कि मैंने आपको अपनी बेटी के बारे में बताया था, कि पिछले एक महीने से सारा दिन अपने कमरे में ही यह खुद को बंद रखती है। ना तो ये कुछ खाती है और न ही कुछ पीती है। ना तो यह हमसें कुछ कहती है और न ही हमारी बात का कोई जवाब देती है। यहां तक की इसने किसी से मिलना-जुलना भी छोड़ दिया है।" मिसेज कामिनी सहगल से बात करने दौरान भी डॉक्टर रितिका चौहान की नजरें कामिनी की बेटी आकांक्षा पर टिकी हुई थी। कुछ मिनट बीतने के पश्चात डॉक्टर रितिका अपनी जगह से उठकर आकांक्षा के नजदीक जाती है और उसके कंधे पर हाथ रखकर उससे कहती

है - "आपकी चाय ठंडी हो रही है। खासतौर पर मैंने आपके लिए यह चाय बहुत ही प्यार से बनाया है और अगर आप इसे पीयेंगी नहीं, तो मुझे पता कैसे चलेगा कि मैंने चाय कितनी बुरी बनायी है।" डॉक्टर रितिका की इतनी विनम्रतापूर्वक अनुरोध करने पर आकांक्षा टेबल पर रखे चाय का कप उठाती है और एक हल्की-सी चाय की चुस्की लेने के बाद बहुत ही धीमी आवाज में रितिका से कहती है - "अच्छी है।" फिर डॉक्टर रितिका आकांक्षा से कहती है - "थैंक्स, अब आप एक काम कीजिये। उस तरफ बायीं ओर एक लाइब्रेरी है, आप वहां जाकर मेरा इंतजार कीजिये। मैं थोड़ी आपकी मम्मी से बात कर लेती हूँ।" आकांक्षा के वहां से जाने के बाद रितिका कामिनी सहगल की ओर मुखातिब होते हुए उनसे पूछती है - "क्या आप मुझे अपनी बेटी के बारे में कुछ ज्यादा जानकारी दे सकते हैं, जिससे मुझे उसके प्रॉब्लम को समझने में मदद मिल सके और इससे मैं उसका बेहतर तरीके से काउंसलिंग कर पाऊँगी?" कामिनी सहगल - "जी डॉक्टर, पहली बात तो यह है कि आकांक्षा मेरी अपनी बेटी नहीं है। दरअसल, मैं और मेरे पति ने मिलकर आकांक्षा को गोद लिया है। वह बहुत छोटी थी उस वक्त, जब पहली बार मैंने उसे अपनी गोद में लिया था और मेरी वह मेरी गोद में आते ही खिलखिलाने लगी थी। फिर हमने उस बच्ची को बड़े ही प्यार से पाला, बिल्कुल अपने बच्चे की तरह। हमने कभी भी उसे किसी प्रकार के परायेपन का एहसास होने नहीं दिया। वह थोड़ी जिद्दी थी, हर बार कुछ न कुछ नई वस्तुओं की माँग करती रहती थी। कभी नये कपड़ों की, कभी नये खिलौनों की,

कभी अलग-अलग फ्लेवर के ढेर सारे चोकलेट की और इसलिए मैंने उसका नाम रखा था - आकांक्षा। क्योंकि हर बार उसकी चाहत कुछ नया करना होता था और उसकी इच्छा कभी कम नहीं होती थी। मैंने आकांक्षा को भले ही अपनी कोख से जन्म ना दिया हो, लेकिन मैं और नीलेश उससे बहुत प्यार करते हैं। जब वह 6 वर्ष की थी, तब हमदोनों पति-पत्नी उसे समय नहीं दे पाते थे। हमारे घर में एक नौकरानी थी और वही आकांक्षा के खाने-पीने का ध्यान रखती थी, साथ ही उसे स्कूल भी छोड़ने जाती थी। आप तो जानती हैं ना कि मुंबई जैसे शहर में अकेले व्यक्ति के कमाई से घर चलाना कितना मुश्किल होता है। इसीलिए हमदोनों पति-पत्नी को साथ में ही नौकरी करनी पड़ती थी और वैसे भी तो हमदोनों अपनी बच्ची के पढ़ाई-लिखाई और शादी के लिए ही तो पैसा जोड़ रहे थे। लेकिन आकांक्षा इस बात को लेकर हमेशा हमदोनों पति-पत्नी से शिकायत करती रहती थी कि हम उसे समय नहीं दे पाते हैं। इस प्रकार आकांक्षा बचपन से ही गुस्सैल स्वभाव की हो चुकी थी। माँ होने के नाते मैं अपनी बच्ची की मनोदशा को समझ सकती थी, लेकिन मैं भी हालात से मजबूर थी। देखते-देखते समय बीत गया और मेरी आकांक्षा बड़ी हो गई थी। हमने आकांक्षा का कॉलेज में एडमिशन करा दिया था, शुरू-शुरू में वह किसी से भी दोस्ती करने से झिझकती थी। इस दौरान मैं और नीलेश अपने-अपने कामों में इतना ज्यादा व्यस्त हो गए थे, कि हमारे पास अपनी बेटी से बात करने के लिए समय भी नहीं होता था। शायद इस दौरान वह खुद को काफी अकेला महसूस किया करती थी और

वह हमेशा खामोश-सी रहने लगी थी। उसकी कॉलेज जाने की उम्र हो गई थी, मुझे लगा कि शायद अब उसके कई नये दोस्त बनेंगे और वह अपने दोस्तों से बातें करेगी, तो सबकुछ ठीक हो जायेगा.........” इतना कहकर मिसेज कामिनी एक गहरी सांस लेती है, तो डॉक्टर रितिका चौहान उनसे पूछती है - “जब कोई इंसान खुद को अकेला महसूस करता है, तो वह अपने लिये किसी ऐसे व्यक्ति की तलाश करता, जो उसकी तन्हाइयों को दूर करें। शायद, आपकी बेटी ने भी ऐसे ही किसी इंसान की तलाश की होगी?” कामिनी ने रितिका के सवाल का जवाब देते हुए कहा - “हाँ, कॉलेज में आकांक्षा का एक बॉयफ्रेंड था और आकांक्षा भी उसे बहुत पसंद करती थी। आर्यन नाम था उसका, आकांक्षा ने बताया था एक बार मुझे उसके बारे में। जब से वह लड़का आर्यन मेरी बेटी की ज़िंदगी में आया था, आकांक्षा बहुत ही खुश रहने लगी थी। आर्यन बहुत ही अच्छे घर का लड़का था, मुझे इस बात की बेहद खुशी थी कि कम से कम आर्यन की वजह से मैं अपनी बेटी के चेहरे पर मुस्कुराहट देख पाती थी। लेकिन पिछले महीने आर्यन अपने परिवार के साथ किसी दूसरे शहर में चला गया, जाने से पहले आकांक्षा से कहकर गया था कि वह आकांक्षा से मिलने आया करेगा। लेकिन इतने दिन बीत गए, मगर वह दुबारा नहीं लौटा। उसके बाद से आकांक्षा भी काफी गुमसुम-सी रहने लगी है।” रितिका - “देखिये कामिनी जी, मैं इस बारे में आपसे कोई वादा नहीं कर सकती। हाँ, लेकिन मैं अपनी तरफ से पूरी कोशिश करूँगी कि आपकी बेटी ठीक होकर पहले की तरह एक नॉर्मल लाइफ जीने लगे। अभी

आप अपनी बेटी को मेरे पास ही छोड़कर जाइये और आज से अगले 3 दिनों तक वह मेरे साथ मेरे घर पर ही रहेगी।" कामिनी - "लेकिन, मैम..." रितिका - "चिंता मत करिए, आपकी बेटी का मैं पूरा ध्यान रखूंगी। आप बेफिक्र होकर अपने घर जाइए" फिर कामिनी सहगल डॉक्टर रितिका के घर से चली जाती है और रितिका जब अपनी लाइब्रेरी में जाती है, तो देखती है कि आकांक्षा एक परीकथा वाली पुस्तक पढ़ रही होती है। लेकिन डॉक्टर रितिका को देखते ही आकांक्षा तुरंत पुस्तक को वापस बुक शेल्फ में रख देती है। "तुम्हें किताबें पढ़ना अच्छा लगता है?" - आकांक्षा को पुस्तक वापस बुक शेल्फ में रखते देखकर रितिका ने उससे पूछा। तब आकांक्षा ने रितिका से कहा - "हाँ, पुस्तकें मेरी बचपन की दोस्त हैं। जब मम्मी-पापा घर पर अधिकतर समय नहीं रहते थे और उनके पास मेरे लिए समय नहीं होता था, तब पुस्तकें ही मेरी सबसे अच्छी दोस्त होती थी।" रितिका ने आकांक्षा से पूछा - "क्या तुम कुछ खाना चाहोगी?" आकांक्षा - "नहीं, मेरा मन नहीं है।" डॉक्टर रितिका आकांक्षा के करीब जाकर उसकी हाथ को अपने हाथों में लेते हुए उससे कहती है - "अगर तुम कुछ खाओगी नहीं, तो तुम्हारे पेट में पलने वाले बच्चे को तकलीफ होगी।" रितिका की बात सुनकर आकांक्षा हैरानी से उसकी ओर देखते हुए कहा - "आपको यह कैसे पता चला?" रितिका - "शायद मेरे डॉक्टर होने का यही फायदा है।" आकांक्षा - "क्या फर्क पड़ता है कि मैं गर्भवती हूँ, या मेरी पेट में किसी का बच्चा है। क्या फर्क पड़ता है कि मैं जीऊं या फिर मर जाऊं।" रितिका - "फर्क पड़ता है, आकांक्षा।

फर्क इसीलिए पड़ता है कि तुम एक लड़की हो, फर्क पड़ता है कि तुम अपनी कोख में पल रहे बच्चे की माँ हो, फर्क पड़ता है क्योंकि तुम हारी हुई हो और अपने लिए लड़ना ही नहीं चाहती हो। जब एक बच्चे को तकलीफ होती है ना, तब एक माँ को फर्क पड़ता ही है। मैं नहीं जानती कि तुम्हारे साथ क्या हुआ है और तुम्हारे पेट में किसका बच्चा पल रहा है। फिलहाल, मैं यह चाहती हूँ कि तुम भूखी न रहो।" डॉक्टर रितिका आकांक्षा का हाथ पकड़कर अपने साथ किचन में ले जाती है। किचन में रितिका नाश्ता बनाने की तैयारी करते हुए आकांक्षा से कहती है - "वैसे मैं तुम्हें यह पहले ही बता देना चाहती हूँ कि मैं शुद्ध शाकाहारी हूँ और इसीलिए मैं अभी जो भी बनाने जा रही हूँ, वह शाकाहारी ही होगी।" आकांक्षा - "मुझे कोई फर्क नहीं पड़ता कि आप क्या बनाने वाली हैं।" रितिका - "अच्छी बात है। जब तक मैं कुछ बना रहीं हूँ, तब तक तुम अपने बारे में बताओ" आकांक्षा - "बचपन से अकेली रही हूँ मैं। मम्मी-पापा अपने काम में इतने व्यस्त रहते थे कि उनके पास मेरे लिए समय ही नहीं होता था। जब भी मैं अपने मम्मी-पापा से मेरे साथ समय बिताने को कहती थी, तब उनका एक ही बहाना होता था कि बेटा काम नहीं करेंगे तो तुम्हारे पढ़ाई-लिखाई का खर्च कैसे पूरा होगा। मम्मी-पापा को लगता था कि वह मेरे अच्छे भविष्य के लिए पैसे जमा कर रहे हैं और मुझे लगता था कि वह मुझ जैसी अनाथ बच्ची पर एहसान कर रहे हैं।" आकांक्षा की बात सुनकर रितिका चौंक गई - "क्या मतलब" आकांक्षा - "मुझे यह बात काफी पहले ही पता चल गया था कि मेरे मम्मी-पापा मेरे

अपने मम्मी-पापा नहीं है, उन्होंने मुझे गोद लिया था।" रितिका - "क्या तुमने इस बारे में कभी अपने मम्मी-पापा बात नहीं की?" आकांक्षा - "नहीं, तब तक मेरी कॉलेज में एडमिशन हो चुकी थी और आर्यन नाम का एक लड़का मेरा काफी अच्छा दोस्त बन चुका था। इसीलिए मैंने कभी अपने मम्मी-पापा से इस बारे में बात नहीं की। मैंने सोचा कि जो जैसा चल रहा है, उसे वैसा ही चलने देते हैं और वैसे भी मेरी ज़िंदगी में खुशियां लौट आई थी। कोई था, जिससे मुझे अपनापन-सा महसूस होता था। फिर एक दिन आर्यन ने मुझसे अपने प्यार का इजहार किया और मैं उसे मना नहीं कर सकी। क्योंकि मैं भी आर्यन को पसंद करने लगी थी। अब आर्यन मेरा दोस्त नहीं था, मेरा प्यार बन चुका था। मुझे आर्यन पर इतना विश्वास था कि जब उसने मुझसे शारीरिक संबंध बनाने की इच्छा जताई, तो मैंने भी उसे रोका नहीं। लेकिन मुझे इस बात का बिल्कुल भी अंदाजा नहीं था कि मैं पेट से हो जाऊंगी।" रितिका - "क्या तुमने आर्यन को अपनी पेट में पलने वाले बच्चे के बारे में नहीं बताया?" आकांक्षा - "आपको क्या लगता है, मैंने कोशिश नहीं की? जिस दिन मुझे अपनी प्रेग्नेंसी का पता चला, उसी दिन आर्यन से मुलाकात करके उसे सबकुछ बताया। आपको पता है, सबकुछ जानने के बाद उसने क्या जवाब दिया मुझे?" रितिका - "क्या कहा आर्यन ने तुमसे?" आकांक्षा - "आर्यन ने मुझसे कहा कि उसकी अपने दोस्तों से शर्त लगी थी और उसी शर्त को जीतने के लिए उसने मेरे साथ पहले दोस्ती की और फिर प्यार का नाटक किया। जब मैंने उसे पुलिस में जाने की धमकी

दी, तो उसने कहा कि उसके पिताजी शहर के एक नामी विधायक हैं और वह मुझ जैसी मामूली लड़की से कभी प्यार कर ही नहीं सकता है।" आकांक्षा की बात सुनकर रितिका को गुस्सा आ गया और उसने अपनी मुट्ठी भींच ली। "तुम डाइनिंग टेबल पर जाओ, मैं नाश्ता लेकर आती हूँ" - नाश्ता प्लेट में निकालते हुए डॉक्टर रितिका आकांक्षा से कहती है। रितिका दो प्लेट में नूडल्स निकालती है और फिर डाइनिंग टेबल पर ले जाकर रखती है। उस वक्त आकांक्षा नवजात शिशु के लालन-पालन से संबंधित एक मैगजीन पढ़ रही थी, डॉक्टर रितिका को देखते ही आकांक्षा ने झट से मैगजीन रख दिया। रितिका ने नूडल्स का एक प्लेट आकांक्षा की ओर बढ़ाते हुए कहा - "लो, सुबह का गरमागरम नाश्ता।" आकांक्षा ने इंकार करते हुए कहा - "मुझे भूख नहीं है।" रितिका - "पहली बात तो यह है कि मैं कभी भी अपने घर पर आनेवाले मेहमानों को भूखा नहीं रखती और दूसरी बात यह है कि अगर मेरी खुद की बेटी होती, उसे तो मैं बिल्कुल भी भूखा नहीं रहने देती। अपनी बेटी समझकर तुमसे कह रही हूँ, थोड़ा-सा खा लो।" आकांक्षा - "प्लीज, मुझे अपनी बेटी मत कहिये। मेरी खुद की माँ है" रितिका - "ठीक है, जैसी तुम्हारी इच्छा। लेकिन कम से कम अपने पेट में पलने वाले बच्चे के लिए खाना खालो।" आकांक्षा - "आपने मेरी माँ से कहा कि आप मेरी इलाज करेंगी, लेकिन जब मुझे कोई बीमारी ही नहीं है और आपके पास मेरे समस्या क्या फायदा, वैसे भी आप एक डॉक्टर हो। कोई भगवान नहीं, जो आप मेरी समस्या को दूर कर पाओ।" रितिका - "भगवान की जगह तो

कोई भी नहीं ले सकता है, शायद मैं भी नहीं। लेकिन सुना है कि आजकल भगवान भी काफी व्यस्त रहने लगें है, तभी तो उन्होंने मेरे जैसे काउंसलर को आपके जैसी पेशेंट्स का इलाज करने के लिए इस धरती पर भेजा है।" डॉक्टर रितिका की बात सुनकर आकांक्षा के चेहरे पर हल्की-सी मुस्कुराहट आ जाती है, तो रितिका आगे बोलना शुरू कर देती है - "तुमने जिन परिस्थितियों का सामना किया है और खुद को काफी अकेला महसूस किया है, यह मैं समझ सकती हूँ। तुम्हारे इसी अकेलेपन का फायदा उठाकर आर्यन ने अपने प्यार का झूठा नाटक किया और फिर.........! लेकिन उसके बाद से जो तुम खुद को हारी हुई-सी मानने लगी हो ना, यह बिल्कुल गलत तरीका है। और रही बात बीमारी की, तो तुम सचमुच बीमार हो और तुम्हें असरदार दवा की आवश्यकता है।" आकांक्षा - "क्या है वो दवा?" रितिका - "आत्मविश्वास, तुम्हारे अंदर आत्मविश्वास की बहुत कमी है। मैं तुम्हारी अंदर की सोई हुई आत्मविश्वास को जगाना चाहती हूँ।" कुछ पल की खामोशी के बाद डॉक्टर रितिका ने आकांक्षा से पूछा - "क्या तुम्हें कहानी सुनना अच्छा लगता है?" आकांक्षा - "हाँ, बहुत ज्यादा। पर मेरी माँ को कोई भी स्टोरी नहीं पता, इसलिए मुझे उपन्यास पढ़कर ही काम चलाना पड़ता है।" रितिका - "ठीक है, तो तुम खाना खा लो।" आकांक्षा का खत्म होते ही डॉक्टर रितिका ने बर्तनों को समेटना शुरू कर दिया।" आकांक्षा - "मैं कोई मदद करूं?" रितिका - " नहीं, इसकी जरूरत नहीं है। मैं अकेली ही सभी बर्तनों को साफ कर लूंगी। हाँ, अगर तुम चाहो तो हम दोनों के लिए कॉफी बना सकती

हो।" आकांक्षा - "मुझे कॉफी बनानी नहीं आती है।" डॉक्टर रितिका - "मैं तुम्हारी मार्गदर्शन कर दूंगी।" कुछ देर बाद डॉक्टर रितिका सभी जूठे बर्तन साफ कर लेती है और आकांक्षा भी कॉफी बनाकर तैयार कर लेती है। फिर दोनों एक ही जगह सोफे पर बैठ जाती हैं। डॉक्टर रितिका - "शुरू करें।" आकांक्षा - "सबसे पहले मैं अपनी कॉफी टेस्ट करना चाहती हूँ। क्योंकि मैंने पहली बार अपनी हाथों से कुछ बनाया है।" डॉक्टर रितिका - "हाँ-हाँ, बिल्कुल हाँ" आकांक्षा कॉफी की चुस्की लेती है और कहती है - "अरे वाह, यह तो बहुत ही अच्छी बनी है।" डॉक्टर रितिका - "जानती हो आकांक्षा, यही जीवन मूल सत्य है कि जो इंसान संघर्ष करता है और निरंतर प्रयास करता है, उसे अपनी मंजिल जरूर मिलती है। लेकिन जो इंसान डर जाता है और अपने आप पर से भरोसा खो देता है, वह हार जाता है। मैं जो कहानी तुम्हें सुनाने वाली हूँ, वह एक पौराणिक कथा है। किसी समय की बात है, एक राजा की 3 बेटियां थीं - सुवर्णा, अपर्णा और निरंजना। बड़ी बेटी सुवर्णा और मंझली बेटी अपर्णा राजा की सबसे खूबसूरत बेटियां थीं, सर्वगुण संपन्न थी दोनों। लेकिन छोटी बेटी निरंजना सबसे बदसूरत और काली थी। राजा की बड़ी और मंझली बेटी पाक-कला में निपुण थीं, उन दोनों को एक से बढ़कर एक स्वादिष्ट व्यंजन बनाना आता था। लेकिन इसके विपरित राजा की छोटी बेटी निरंजना एक कुशल तलवारबाज थी और उसे युद्ध से संबंधित सारे कौशल की जानकारी थी। स्वयं राजा ही अपनी छोटी पुत्री निरंजना को अस्त्रों-शस्त्रों का प्रयोग करना सिखाते थे। एक दिन राजा की

इच्छा हुई कि वह अपनी तीनों बेटियों का विवाह करवायें। इसके लिए उन्होंने स्वंयवर का आयोजन किया। राजा की तीनों बेटियों ने पूरी तरह सज-धजकर तैयार थी। स्वंयवर में हिस्सा लेने के लिए अलग-अलग राज्यों से कई राजकुमार आये हुए थे। राजा की बड़ी बेटी और मंझली बेटी ने अपने लिए योग्य राजकुमारों का चयन कर लिया था। लेकिन राजा की छोटी बेटी निरंजना अब भी अपने लिए एक योग्य वर ढूंढ रही थी, जो आखिरकार उसे मिल भी गया था और जब निरंजना ने उसके गले में वरमाला डालना चाहा, तब उस राजकुमार ने अपने पैर पीछे कर लिए। फिर उस राजकुमार ने राजा की ओर मुखातिब होते हुए कहा - "क्षमा कीजिए महाराज, परंतु आपकी पुत्री मेरे विवाह योग्य नहीं है। मैं किशनगढ़ के राजा का पुत्र किशनसिंह हूँ और मेरी शूरवीरता के चर्चे तो आप सभी ने सुने होंगे। जरा सोचिए, मेरे जैसे शूरवीर के लिए आपकी छोटी पुत्री योग्य कैसे हो सकती है?" किशनसिंह की बात सुनकर राजकुमारी निरंजना को क्रोध आ गया - "युवराज, आपको लज्जा आनी चाहिए। भरी दरबार में एक स्त्री के मान-सम्मान को इस प्रकार ठेस पहुंचाने का अधिकार आपको किसने दिया है? आप हमें अयोग्य कह रहे हैं। लेकिन अगर हम यह कहें कि हम बदसूरत है और इसीलिए आप हमसे विवाह करने से कतरा रहे हैं।" किशनसिंह - "राजकुमारी, आप अपनी मर्यादा का उल्लंघन कर रही है। क्या हम आपको इतने तुच्छ मानसिकता वाले नजर आते हैं?" निरंजना - "अगर ऐसा है, तो फिर साबित करिए कि हम वाकई में आपसे विवाह योग्य नहीं हैं। हमसे तलवारबाजी का मुकाबला

कीजिए। अगर आपकी जीत हुई, तो हम अपनी सर खुद काटकर आपके चरणों में रख देंगे। लेकिन अगर हमारी जीत हुई, तो हमारे तलवार से आपका सिर कटना तय है। बोलिए, क्या आपको शर्त मंजूर है?" किशनसिंह - "लेकिन हम स्त्रियों से युद्ध नहीं करते हैं, तलवारबाजी तो दूर की बात है।" निरंजना - "क्या हम यह मान लें कि आपको हमसे युद्ध करने में भय लग रहा है?" राजकुमारी निरंजना ने जानबूझकर ऐसा तंज कसा था कि जिसे सुनकर राजकुमार किशनसिंह को क्रोध आ जाए। ऐसा हुआ भी, किशनसिंह ने राजकुमारी निरंजना की चुनौती स्वीकार कर ली। आखिरकार, दोनों के बीच घमासान तलवारबाजी हुई। काफी समय तक युद्ध चलने के बाद राजकुमार किशनसिंह की बुरी तरह से हार हुई और राजकुमारी निरंजना ने किशनसिंह की गर्दन पर तलवार रखते हुए कहा - "युवराज, शर्त के मुताबिक आप हार चुके हैं और अब आपको अपने प्राण गंवाने होंगे। अपने आखिरी क्षणों में आप अपने ईश्वर को याद कर लिजिए।" मृत्यु का भय राजकुमार के चेहरे पर साफ-साफ दिखाई दे रहा था और इसी भय के कारण अनायास ही उनकी आंखें बंद हो गईं। लेकिन राजकुमारी निरंजना ने किशनसिंह का वध नहीं किया, बल्कि तलवार एक किनारे फेंक कर वहां से जाने लगी। जब किशनसिंह ने राजकुमारी को वहां से जाते देखा, तो पूछा - "आपने हमारा वध नहीं किया?" राजकुमारी निरंजना - "युवराज, हम आपका नहीं आपके अंदर के अहंकार का वध करना चाहते थे।" किशनसिंह - "राजकुमारी, हमें अपनी भूल का एहसास हो चुका है। आप अयोग्य नहीं है, बल्कि हमारे लिए

आपसे योग्य वधू और कोई हो ही नहीं सकती है। कृपया, हमारे विवाह प्रस्ताव को स्वीकार कीजिए।" अपनी कहानी को समाप्त करते हुए डॉक्टर रितिका ने आकांक्षा से पूछा - "बताओ आकांक्षा, क्या सीखा इस कहानी से तुमने?" आकांक्षा - "यही कि निरंजना अपनी बड़ी बहनों की तरह खूबसूरत नहीं थी, लेकिन उसने अपनी बदसूरती को कभी खुद पर हावी होने नहीं दिया। बजाय इसके उसने वह किया, जो उसे सबसे प्रिय था यानी तलवारबाजी करना। इन सभी कार्यों में उसे अपने पिताजी का पूरा सहयोग मिला।" डॉक्टर रितिका - "अगर राजकुमारी निरंजना के पिताजी उसकी सहायता नहीं करते, या उसे प्रोत्साहित नहीं करते तो क्या होता?" आकांक्षा - "मेरे विचार से निरंजना काफी हिम्मतवाली थी और उसके अंदर आत्मविश्वास कूट-कूटकर भरा हुआ था। अगर उसके पिता उसे प्रोत्साहित नहीं भी करते, तब भी निरंजना अपने आप में काफी सक्षम थी।" डॉक्टर रितिका - "लेकिन अब मैं जो तुम्हें कहानी सुनाने वाली हूँ, वो बिल्कुल सच्ची कहानी है। तुम्हारी तरह की एक लड़की की कहानी है, एक छोटे से शहर के गरीब परिवार की लड़की की कहानी। जिसने अपनी ज़िंदगी में न जाने कितने समस्याओं का सामना किया, लेकिन उसने कभी भी समस्याओं के आगे अपने घुटने नहीं टेके। बल्कि, उसने हमेशा डटकर हर परिस्थितियों का सामना किया।" फिर एक गहरी सांस लेने के बाद डॉक्टर रितिका चौहान आकांक्षा को कहानी सुनाना शुरू कर देती है - "एक रितू नाम की लड़की थी, वह बहुत ही समझदार, बहुत ही जिम्मेदार और बहुत ही हिम्मतवाली लड़की थी। उसके

पिता एक शराबी थे और माँ एक अनपढ़ घरेलू औरत थी। बचपन से ही रितू सिर्फ एक चीज के लिए तरसती रहती थी, और वह था - प्यार। आप जानती हो, एक इंसान भूखा कुछ समय तक जी सकता है और अकेलेपन में भी अपनी ज़िंदगी गुजार सकता है, लेकिन प्यार के बिना इंसान एक सेकेंड भी नहीं जी सकता है। हर इंसान को एक ऐसे व्यक्ति की तलाश होती है, जो उसे सबसे ज्यादा प्यार दे और उसकी सबसे ज्यादा परवाह करे। लेकिन साधारण-सी दिखनेवाली रितू से कोई भी लड़की या लड़का दोस्ती करने से कतराता था। एक तो अपने पिता के रोज-रोज शराब पीकर घर आना, ऊपर से अपनी माँ का दिनभर चिक-चिक करना। इन सब बातों से परेशान होकर रितू किसी न किसी बहाने से घर से दिनभर गायब रहती थी। सुबह जल्दी से तैयार होकर स्कूल जाना और स्कूल से आने के बाद खेलने के बहाने गांव से दूर एक नदी के किनारे बैठकर समय बीताना, गलती से भी रितू के कदम अपने घर में ठहरते नहीं थे। एक तो अपने गांव के लोगों की रुढ़िवादी विचार, दूसरे अपने माता-पिता की बंदिशें। लेकिन इसके बावजूद रितू ने अपनी पढ़ाई पूरी करते हुए गांव के बाहर शहर के एक कॉलेज में एडमिशन ले लिया। नये लोग और उनके नये तौर-तरीके, रितू के लिए यह सबकुछ बिल्कुल एक सपने जैसा था। अपनी कॉलेज की पढ़ाई के दौरान रितू की दोस्ती रोहन नाम के लड़के से हुई। कुछ महीनों तक दोस्ती चलने के बाद रितू और रोहन एक-दूसरे से प्यार करने लगे थे। इस दौरान रोहन ने रितू के साथ वह सबकुछ किया, जो एक लड़की को किसी भी लड़के के

साथ नहीं करना चाहिए था। रोहन के प्यार में अंधी रितू प्यार और धोखे में अंतर नहीं कर पा रही थी। कुछ दिनों के बाद रोहन ने अचानक से उस कॉलेज को छोड़कर किसी दूसरे कॉलेज में एडमिशन ले लिया और उस वक्त रितू को यह जानकर बहुत ही दुख पहुँचा था कि उसे सबसे ज्यादा प्यार देनेवाला रोहन भी उसे छोड़कर जा चुका था। खैर, इन सब घटनाओं को भूलकर रितू फिर से अपनी पढ़ाई में ध्यान देने लगी। एक दिन रितू को अपनी सबसे बड़ी गलती का एहसास हुआ, जब उसे उल्टियाँ होने लगी और जब रितू इलाज कराने के लिए डॉक्टर के पास गई, तो उसे यह जानकर गहरा सदमा लगा कि वह गर्भवती हो गई है और उसके पेट में रोहन का बच्चा पलने लगा है। उस वक्त रितू के ऊपर पहाड़-सा टूट पड़ा था। रितू अपने पेट में पलने वाले बच्चे को गिराने के लिए किसी भी सूरत में तैयार नहीं थी, क्योंकि वह अपनी गलती की सजा अपने गर्भ में पलने वाले बच्चे को नहीं देना चाहती थी। रितू के लिए इस बात का किसी से भी खुलासा करना आसान नहीं था, क्योंकि अगर रितू के माँ-बाप को यह सब पता चलता, तो वह रितू को जान से मार देते। आखिरकार, रितू ने अपने गर्भवती होने की बात को लोगों से छुपाना ही बेहतर समझा और वह उसी हालत में अपनी पढ़ाई करने लगी। कॉलेज की परीक्षा का समय नजदीक आया, तो रितू ने पूरे मन से परीक्षा दिया। उस दिन रितू का आखिरी परीक्षा था और किस्मत से परीक्षा देकर लौटने के क्रम में रितू को अपने पेट में जोरों का दर्द महसूस हुआ। जल्दबाजी में रितू तुरंत एक टैक्सी पकड़कर अस्पताल पहुँची। आखिरकार, डॉक्टरों

की मदद से रितू ने सफलतापूर्वक अपने बच्चे को जन्म दिया।" फिर कुछ देर रुकने के बाद डॉक्टर रितिका ने पानी पीया। तब पूरी उत्सुकता से रितिका की कहानी सुनने वाली आकांक्षा ने रितिका से सवाल किया - "फिर क्या हुआ, मैम?" रितिका - "आपको पता है, कि जब एक माँ अपने बच्चे को जन्म देने के बाद पहली बार अपनी हाथों में लेती है, तब उस माँ को ऐसा लगता है कि मानो उसने दुनिया की हर खुशियाँ प्राप्त कर ली हो। रितू के लिए उसकी कोख से जन्मी बच्ची पाप नहीं थी, जानती हो क्यों? क्योंकि उसने रोहन के प्यार में खुद को पूरी तरह से समर्पित कर दिया था। बल्कि, पाप तो वह था, जो रोहन ने रितू को धोखा देकर किया था। लेकिन रितू के लिये मुश्किलें कम नहीं हुई थी, क्योंकि वह अपने बच्चे को लेकर अपने घर नहीं लौट सकती थी। तभी रितू को किसी औरत के रोने की आवाज सुनाई पड़ी। रितू ने जब वहां मौजूद एक नर्स से इस बारे में पूछा, तो उस नर्स ने रितू को बताया कि वह औरत इसलिए रो रही है, क्योंकि डिलीवरी के वक्त उसका बच्चा मरा हुआ पैदा हुआ था। रितू ने दूर से ही उस रोनेवाली औरत को देखा, उस औरत का पति अपनी पत्नी को सांत्वना देने की कोशिश कर रहा था। तभी रितू ने एक नर्स को अपनी बच्ची सौंपते हुए कहा कि वह इस बच्ची को उनदोनों पति-पत्नी को सौंप दे और अगर वे किसी प्रकार से पैसे की पेशकश करें, तो वह नर्स रितू की तरफ से इंकार कर दे। इसके अलावा अगर वह दंपति बच्ची की माँ के बारे में नर्स से कुछ पूछे, तो वह नर्स उन्हें कुछ नहीं बतायेगी और साथ ही रितू ने उस नर्स को

अपनी शर्त से उनदोनों पति-पत्नी को अवगत कराने के लिए भी कह दिया कि वे दोनों रितू की बच्ची का पूरा ख्याल रखेंगे और उसे अपनी संतान मानकर उसकी परवरिश करेंगे। रितू के बताये अनुसार नर्स ने वैसा ही किया और उसने रितू की बच्ची को उन दंपति के हवाले कर दिया, साथ ही उनदोनों को रितू के बारे में कुछ भी नहीं बताया। अपनी बच्ची को आखिरी बार देखने के बाद रितू वहां से चली गई, अपनी ज़िंदगी की एक नई शुरुआत करने के लिए।" आकांक्षा - "तो क्या रितू फिर कभी भी अपनी बेटी से नहीं मिली?" रितिका - "नहीं, मैंने तुम्हें यह कहानी सिर्फ इसलिये सुनाई है, ताकि तुम इससे कुछ प्रेरणा ले सको। तुम सच से भागो मत, उसका सामना करो। तुमने कोई गलती नहीं की, गलती आर्यन की थी।" आकांक्षा - "अब मुझे क्या करना चाहिए?" आकांक्षा के इस सवाल पर डॉक्टर रितिका ने अपनी मोबाइल में इंटरनेट से एक न्यूज निकालकर आकांक्षा को दिखाया और उससे कहा - "देखो, आर्यन ने तुम्हारे कॉलेज में छात्रनेता का चुनाव जीता है और कल कई लोगों के सामने वह अपनी बात रखने वाला है, कॉलेज से जुड़े मुद्दों को भी बताने वाला है। तुम इसी दौरान तुम्हारे साथ जो कुछ भी हुआ है, वो सबके सामने कह देना। जो भी कहना बिना डरे और बेझिझक होकर कह देना।" "थैंक्स, आपने मेरी बहुत मदद की तनाव से उबरने में। सच कहूं तो, आपने मुझे हारने से बचा लिया" - कहते हुए आकांक्षा ने डॉक्टर रितिका की तरफ हाथ बढ़ाया, तो रितिका ने भी आकांक्षा से हाथ मिलाया। आकांक्षा से हाथ मिलाते समय जैसे ही डॉक्टर रितिका की नजर आकांक्षा

के हाथ पर पड़ी, तो वो एकदम से चौंक गई - "आकांक्षा, तुम्हारी हाथ पर यह निशान कैसा?" आकांक्षा - "यह निशान तो बचपन से मेरी हाथ पर है, मम्मी ने बताया था मुझे।" लेकिन तभी डॉक्टर रितिका के हाथ में भी निशान देखकर आकांक्षा ने रितिका से कहा - "आपके हाथ में भी वैसा ही निशान है, जैसा मेरे हाथ में है।" रितिका ने अपना हाथ ओर वापस खींचते हुए कहा - "हाँ वो, एक एक्सीडेंट में चोट लगी थी।" डॉक्टर रितिका अपनी हाथ की निशान को लेकर आकांक्षा से झूठ बोल रही थी। फिर कुछ सोचने के बाद डॉक्टर रितिका ने आकांक्षा से कहा - "साथ ही तुम्हें अपने माता-पिता को सच बता देना चाहिए। अगर वो आपको इसके लिए सजा भी देते हैं, तो यह उनका अधिकार है और जहां तक सजा देने की बात है, तो सजा का असली हकदार आर्यन है।" रितिका ने घड़ी की ओर देखते हुए कहा - "समय हो चुका है और तुम्हारी मम्मी आती ही होंगी। तुम अपने घर जाओ, मुझे तुम्हारी मम्मी से कुछ बातें करनी हैं।" कुछ समय के बाद आकांक्षा की मम्मी डॉक्टर रितिका के घर पहुँची, रितिका ने उन्हें पूरी सच्चाई से अवगत कराने के बाद उनसे कहा - "मिसेज सहगल, आपकी बेटी से गलती जरूर हुई है, मगर इस वक्त आपको उसका साथ देना चाहिए। मेरे ख्याल से आप इस बात की जानकारी आर्यन के माता-पिता को दे, अगर वो समझदार होंगे तो वह आपकी बेटी की तकलीफ को जरूर समझेंगे। अगर ऐसा नहीं भी हुआ, तब भी आप अपनी बेटी का साथ दीजिये और उसके हौसले को कमजोर मत पड़ने दीजिये। आपके जाने से पहले आपसे एक

अनुरोध है कि क्या आप अपनी बेटी को गोद लेने से संबंधित पूरी जानकारी देना चाहेंगी।" आकांक्षा की मम्मी कामिनी सहगल ने कहा - "जी डॉक्टर, दरअसल आज से 18 साल पहले मैं और मेरे पति नीलेश कलकत्ता में रहते थे, उस वक्त मैं प्रेग्नेंट थी। मैं और मेरे पति इस बात को लेकर बहुत ही खुश थे, कि हमदोनों माँ-बाप बनने वाले थे। वह समय भी बहुत जल्दी ही आ चुका था, जब मैं अपने बच्चे को जन्म देनेवाली थी। वह कलकत्ता का एक छोटा-सा अस्पताल था, जहां पर मैं अपने बच्चे को जन्म देनेवाली थी। अब आप इसे मेरी फूटी किस्मत कहिये या फिर अस्पताल वालों की लापरवाही, मैंने अपने बच्चे को जन्म दिया और जन्म के कुछ ही समय के बाद मेरा बच्चा मर गया। उस वक्त मैं और नीलेश पूरी तरह से टूट गए थे, ऐसा लग रहा था कि जैसे हमने अपना सबकुछ खो दिया हो। मैं अपने मरे हुए बच्चे का चेहरा बार-बार देख रही थी, यह सोचकर कि शायद वह अचानक से रोना शुरू कर देगा। लेकिन ऐसा नहीं हो सका, मगर तभी एक नर्स अपने हाथों में एक छोटी-सी नवजात बच्ची को लेकर हमारे पास आयी और उसने मेरे पति से कहा कि अगर हमें बच्चा चाहिए, तो हम उस बच्चे को गोद ले सकते हैं। लेकिन साथ ही उस नर्स ने यह भी बताया था कि उस बच्ची को जन्म देनेवाली माँ की एक शर्त थी और वह शर्त यह थी कि हम उस बच्ची को एक अच्छी परवरिश देंगे। पहले तो मेरे पति को लगा कि शायद उस बच्ची की माँ को कुछ पैसों की जरूरत हो और इसलिए जब हमने उस औरत की तलाश की, तो तब तक वो अस्पताल से जा चुकी थी।"

उसके बाद कामिनी सहगल डॉक्टर रितिका चौहान का धन्यवाद करते हुए उनसे विदा लेती हैं। कामिनी के जाने के बाद रितिका की आँख भर आती है और वह खुद से कहती है "इसका मतलब आकांक्षा मेरी बेटी है।"

दूसरे दिन डॉक्टर रितिका अपने अस्पताल के ऑफिस में व्यस्त थी, तभी किसी ने दरवाजे पर खड़े होकर उनसे कहा - "May I come in, Ma'am?" डॉक्टर रितिका ने बिना दरवाजे की तरफ देखे कहा - "Yes." दरवाजा खोलकर ऑफिस के अंदर प्रवेश करते ही रितिका ने अपनी नजरें ऊपर करते हुए आनेवाले की ओर देखा - "अरे आकांक्षा, कैसी हो और बताओ कैसे आना हुआ?" आकांक्षा ने डॉक्टर रितिका को बताया - "मैम, मैं आपको यह बताने आई थी कि मेरे पापा ने आर्यन के पापा से बात की और उन्होंने मेरी शादी अपने बेटे से करने के लिए हामी भर दी है और आर्यन भी मेरे बच्चे को अपनाने के लिए तैयार हो गया है। यह सबकुछ आपके वजह से ही संभव हो पाया है डॉक्टर रितिका उर्फ रितू जी।" आकांक्षा के मुँह से अपना असली नाम सुनकर डॉक्टर रितिका भावुक हो गई थी और उनकी आँखों में आँसू देख आकांक्षा ने कहा - "आपकी कहानी सुनने के बाद मैं समझ गई थी, कि आप ही रितू हैं। पर क्या आपने कभी भी अपनी बेटी को ढूंढने का प्रयास नहीं किया?" रितिका - "मैंने अपनी अतीत के पन्ने को काफी पहले ही फाड़कर फेंक दिया था और उन पन्नों के टुकड़े हवा के झोंके से कोसों दूर तक बिखर

गए हैं, उन पन्नों को मैं दुबारा इकट्ठा करना नहीं चाहती। मेरी बेटी जहां भी है, वो खुश है। उसे एक अच्छी माँ मिली है, जो शायद मैं कभी न बन पाती। उसे वह सबकुछ मिला, जो शायद मैं उसे कभी न दे पाती। उसकी खुशी अपने वर्तमान को जीने में है, अपने लिए एक नये भविष्य बनाने में है और उसकी खुशी में ही मेरी खुशी है।" आकांक्षा कुछ कहना चाहती थी, पर कह नहीं सकी। डॉक्टर रितिका ने आकांक्षा को गले लगाकर उससे कहा - "खुश रहो मेरी बच्ची, जाओ और जाकर अपनी ज़िंदगी की एक नई शुरुआत करो।" आकांक्षा डॉक्टर रितिका से विदा लेकर वापस लौट गई।

www.ingramcontent.com/pod-product-compliance
Lightning Source LLC
Chambersburg PA
CBHW020522160726
47991CB00007B/3075